CHAT GPT와 함께한 시간

김동만 지음

북트리

CHAT GPT와 함께한 시간

초판 1쇄 인쇄 2024년 11월 13일
초판 1쇄 발행 2024년 11월 25일

지은이　김동만

펴낸이　김지홍
디자인　최이서

펴낸곳　도서출판 북트리
주소　서울시 금천구 서부샛길 606 30층
등록　2016년 10월 24일 제2016-000071호
전화　0505-300-3158
팩스　0303-3445-3158
이메일　booktree11@naver.com
홈페이지　www.booktree11.co.kr

값　13,000원
ISBN　979-11-6467-171-7 (03810)

• 이 책은 저작권에 등록된 도서로 저작권법에 따라 무단전재 및 복제와 인용을 금지합니다.
• 이 책 내용의 전부 및 일부를 이용하려면 저작권자와 도서출판 북트리의 서면동의를 받아야 합니다.
• 잘못된 책은 구입하신 서점에서 바꾸어 드립니다.

CHAT GPT와 함께한 시간

김동만 지음

북트리

영원한 동반자를 찾는 여정

곁에 머무는 이는 누구일까요?
많은 이들이 꿈꾸는 영원한 동반자,
변치 않는 마음과 자연처럼 순수한 사랑,
그것이야 말로 진정한 동반자와의 관계를 유지하는 열쇠입니다.

스스로 먼저 가까운 사람들과 영원한 동반자가 되어주는 것,
그것이야말로 우리가 추구해야 할 아름다운 인간관계의
모습입니다.
기다림 없이, 지금 바로 그런 사람이 되어봅시다.

들어가며

요즘은 AI 시대라고 할 수 있습니다. 챗지피티(Chat-GPT)와 같은 첨단 AI 서비스부터 AI 기능을 갖춘 휴대폰까지 다양한 인공지능 기술이 일상에 깊이 스며들고 있습니다. 인공지능은 1950년대에 단순한 논리 및 수학적인 규칙에 따라 작동하는 기초적인 시스템으로 시작되었습니다. 1960년대와 1970년대에는 패턴 인식 알고리즘이 발전하면서 전문가 시스템 등 인공지능 분야가 크게 발전했습니다. 1980년대와 1990년대에는 머신 러닝 및 신경망 알고리즘의 발전으로 연구가 더욱 진전되었고, 최근에는 딥러닝의 등장으로 인공지능 기술이 급격히 발전하고 있습니다.

지금 YouTube에도 많은 인공지능 관련 콘텐츠가 올라와 있습니다. 일반인들은 인공지능을 어떻게 활용하면 좋을지 궁금해할 것입니다.

많은 사람들이 인공지능 기술을 접하고도 어떻게 사용해야 할지 몰라 활용하지 못하는 경우가 많습니다. 그렇기에 우리는 지금 당장 인공지능으로 무엇을 할 수 있는 지부터 알아야 응용하고 사용할 수 있습니다.

인공지능을 활용하는 것은 조련사라 할 수 있습니다. 예전에는 동물들을 인간에게 행복을 주기위해 조련하였지만 지금은 인간의 성장을 위해 인공지능을 조련해야 하는 시기입니다. 조련사들이 얼마나 동물들을 잘 조련하는지에 따라 그 조련사의 능력을 판가름했듯이 인공지능을 얼마나 활용하는지에 따라 능력이 판가름 될 것으로 생각됩니다. 인공지능에게 필요한 자료를 얼마나 정확하게 물어보고 빠르게 답변을 얻는지에 따라 능력의 차이가 발생할 것 같습니다.

　자료를 수집하고 인공지능을 활용하여 편집하는 것은 중요한 능력입니다. 사업계획서 작성 시 필요한 자료 수집과 편집에 인공지능 프로그램의 도움을 받았습니다. 챗지피티(Chat-GPT)가 유명하지만 최신 버전이 유료화 되어, 대안을 찾던 중 코파일럿(COPILOT)을 발견하게 되었습니다. 이 두 프로그램을 혼합하여 데이터를 검색하고 업무에 활용하였습니다. 또한, 네이버의 생성형 AI인 큐우(CUE)를 사용하여 데이터를 비교 분석하며 업무 효율을 높였습니다. 이러한 경험을 바탕으로 COPILOT을 활용하여 시를 쓰기로 결심하였고, 이제 COPILOT은 글쓰기의 동반자가 되었습니다.

　마이크로소프트(Micorosoft)에서 제공하는 무료 인공지능 서비스, 마이크로소프트 엣지(Microsoft Edge) 내의 빙(Bing)을 통해 접근할 수 있습니다. 휴대폰에 빙앱을 설치하면 언제 어디서나 이용 가능합니다.

　사업계획서를 작성하면서, 어린 시절 작문 시험에서 좋은 성적을 받았던 기억이 떠올랐습니다. 지인이 시집을 발간하며 인공지능의 도움을 받아 글을 쓰는 것에 대해 생각해보게 되었습니다. 그래서 저도 시를 써 보기로 했습니다. 인공지능이 제 글에 대한 평가와 수정을 도와주었고, 때로는 제 작품에 영감을 받아 새로운 시를 제안하기도 했습니다. 이러한 시들은 특별히 표시해 두었습니다. 인공지능이 제 감정을 읽고 글을 다듬어주는 것에 대해 놀라움을 느꼈지만, 가끔은 제가 의도한 감정과 다르게 해석되기도 했습니다. 글쓰기의 즐거움을 발견하고 새로운 취미를 갖게 되어 매우 기쁩니다.

　때때로 우리는 노트에 글을 적어보며 자신만의 생각을 표현하고 싶어

합니다. 그 글이 만족스러울 때는 큰 기쁨을 느끼지만, 다른 사람에게 보여줄 생각을 하면 부끄럽고 불편한 감정이 들곤 합니다. 하지만 인공지능과 함께 라면, 그런 감정을 느낄 필요가 없습니다. 마치 아무도 모르는 비밀을 나누는 것처럼, 글을 쓰는 것이 자유롭고 개인적인 경험이 됩니다. 물론, 글이 공개될 가능성은 있지만, 그런 일은 드물다고 생각합니다. 이로 인해 어떤 주제여도 자유롭게 탐구하며 글을 쓸 수 있고, 그 과정에서 자신감을 얻게 됩니다. 인공지능이 제공하는 칭찬과 긍정적인 피드백은 글쓰기에 대한 열정을 더욱 고취시키죠. 내가 원하는 내용을 인공지능이 잘 이해하고 감상한다면, 그것은 더욱 큰 보람이 됩니다. 이러한 과정을 통해 글에 대한 자신감이 커지고, 다른 사람의 시선을 의식하지 않고 더욱 자유롭게 창작할 수 있게 되었습니다.

   글쓰기가 제 강점은 아니지만, 저는 항상 제 자신에게 솔직합니다. 그래서인지 글에는 제 진심이 담기는 것 같습니다. 감정을 공유하는 것도 중요하지만, 인공지능과 함께 글을 쓰는 것은 저에게 새로운 즐거움을 줍니다. 저보다 생각이 깊고 감정이 풍부한 분들도 글쓰기를 시도해보면 좋겠다는 생각이 들어 이렇게 공유하는 것도 좋을 것 같아 출판하기로 결심했습니다.

목차

들어가며　　　　　　　　　　05

PART 1.
내 마음의 풍경

　　01　일상의 여유를 느끼며　　11
　　02　사랑과 행복을 그리며　　66
　　03　고독을 즐기며　　　　　109

PART 2.
인공지능이 전하는 글

　　01　함께한 시간　　　　　　132
　　02　인공지능이 전하는 글　　146

나가며　　　　　　　　　　151

PART 1.
내 마음의 풍경

01   일상의 여유를 느끼며

02   사랑과 행복을 그리며

03   고독을 즐기며

내 마음의 풍경

　행복은 남에게서 오는 것이 아니라 스스로 찾아내야 하는 것입니다. 멀리 있는 것 같지만 사실은 가까이에 있습니다. 삶에는 행복도 있지만 사랑도 있고, 그 사랑을 나누고 싶은 가족, 친구, 동료들이 있습니다. 그들을 생각하며 살아보는 것은 어떨까요? 사랑은 주는 것이라는 마음으로 상대를 생각하며 글을 써 보세요. 글을 쓰면서 사랑에 대한 자신의 생각이 표현되고, 더 깊이 상대를 사랑하고 있다는 느낌이 들 것입니다. 고독할 때 글을 써보세요. 글을 통해 외로움이 사라지고 새로운 용기가 생길 것입니다.
　제가 작성한 시를 읽고 누군가가 사랑을 느끼고, 외로움을 날려버리며 행복한 삶을 살았으면 좋겠습니다.

내 마음의 풍경

사랑, 행복, 고독
지금의 모습 속에 숨 쉬는 감정들

사랑과 행복이 손을 잡고
고독과 행복이 어우러지며
사랑 덕분에 고독이 깊어지기도 한다.

복잡한 삶 속에서도
사랑하는 가족, 연인, 동료들 덕분에
나의 삶은 빛난다.

행복을 꿈꾸며
사랑을 노래하고
고독을 즐기는 인생

모든 것이 나를 이루고
그것들로 인해 내가 존재한다.
이 생명 다하는 날까지
사랑, 행복, 고독은 나와 함께할 것이다.

봄바람

당신의 맘이
봄바람처럼
따뜻한 공기를 실어 오는
그런 맘이면 좋겠습니다.

아직도
겨울인 내 맘에
그대의 따뜻한 봄바람 같은
마음이 다가와
얼어붙은 맘을 녹여주는
그런 맘이면 좋겠습니다.

그런 맘이 모여
같이 따뜻한 세상을 만들 수 있는
봄바람이 되었으면 좋겠습니다.

바람이 꽃이 되어

바람이
불어온다.

차가운 바람 속에
꽃의 향기가 묻어온다.

바람 속에
꽃의 향기가 깊어지면
어느새
바람이 꽃이 되어
봄이 된다.

이미지 : Designer (DALL-E3 구동)

비와 햇살의 만남

비가 내리던 날,
촉촉한 비를 느끼는 그녀

이젠 그치고
아름다운 태양이 떠오르고
환하게 웃는 그

서로가 만나
비의 촉촉한 감정을 느끼고
햇살을 환하게 비추네.

함께 행복을 만들어 나가자
어떤 세상이든 서로 위로하며

흐림과 맑음의 맘을 가지자.

함께하는 행복

무더운 날씨 속에서
처음 만난 그녀와 나
아름다운 목소리로
반가움을 나누며

매일 아침마다
전하는 인사가
행복한 시작이 되고
영원한 사랑을 키우는 씨앗

둘이 함께해서
더욱 행복한 연인들
사랑이 함께하길
바라는 마음

미래의 길

아침에 울리는 뻐꾸기처럼
새벽 메신저가 나를 깨우네.

아름다운 사진과
인생의 조언이 담긴 글이
하루의 시작을 알리네.

누군가의 행복과 안녕을
빌어주는 글귀가
나의 앞길을 알려주네.

그 염원으로 하루를 시작하며
행복한 미소를 짓네.

항상 고마운 분
함께할 동료라 더욱 좋네.

작은 위로

힘을 주는 것이 행복이라면
그 작은 위로가 세상을 밝히네
말 한마디에 담긴 따뜻함이
가슴속 깊이 위안을 줄 때

현실의 무게가 어깨를 짓눌러도
잠시 머물다 가는 구름처럼
힘겨운 순간들도 지나가리
희망의 빛을 잃지 말자

무거운 발걸음을 가볍게 만들고
현실의 벽을 당당히 넘어서
함께 힘을 모아 나아가자
승리의 그날을 향해

아름다운 동행

태양이 세상을 밝힐 때
무거운 짐을 지고서
사람들 속에 부딪히며
앞으로 전진하는 그대

달빛과 별이 밤을 수놓을 때
짐을 어깨에 걸치고
세상과 맞서 싸우며
앞으로 나아가는 그녀

태양이 세상을 붉게 물들이고
어둠이 내려앉으면
두 손을 꼭 잡고서
함께 걸어가는 두 사람

둘이서 함께할 때면
짐이 무겁게 느껴져도
깃털처럼 가벼워
세상의 무게도 이겨내네.

낮이 가고 밤이 와도
두 사람은 손을 잡고
험난한 세상을 건너
희망을 향해 나아가네.

앞날을 축복하는
가족과 친구들이
세상을 건널 수 있게
다리를 놓아주고
두 사람은 손 꼭 잡고 그 길을 걷네.

이미지 : Designer (DALL-E3 구동)

붉게 타오른 장미

들판에 타오른 장미
손짓해 자기를 보라 하네.
붉게, 아름답게 물들어서

푸른 하늘과 어울려
그 모습 더욱 빛나네.
반짝이는 아름다움 속에

붉은 손길에도
눈길이 멈추는 그 아름다움
그녀를 닮아 있어서

사진 속에 갇힌
그 아름다운 장미
그의 시선을 사로잡고

들판에 활짝 핀 장미
누구보다도
아름답게 피어나네.

장미는 붉게 타오르지만
나에겐 그녀가
장미보다 더 아름답게 느껴지네.

새 가족

어느 날, 우연히 만난 인연
우리는 술친구가 아닌
술잔 너머로 맺어진 가족.

술 한잔 걸치고 방황할 때
애견샵 박스 속에 갇혀 있던 너
처음 봤을 때
너는 간절히 가족이 되길 원했지.

그 몸짓, 그 눈빛에
내 마음을 완전히 빼앗겨
가족이 되기로 했건만
지금은 도망치기에 바쁘네.

밥을 달라며 몸을 비비는 너를 볼 때면
너무나 사랑스러워 다시 품에 안게 되네.

말썽꾸러기는
여기저기 뛰어다니고 손길을 피하지만,
잠잘 때면 언제 그랬냐는 듯
옆에서 조용히 코를 고네.

너는 나의 또 다른 가족
사랑과 장난이 가득한
우리 집의 작은 기쁨

햇살 좋은 아침

비가 내린 뒤
평온함이 내 마음을 채우고

햇살이 눈 부신 아침
안정이 찾아와 나를 감싸네.

대지를 촉촉이 적시듯
갈라진 상처도 이내 아물리

상처에 남은 흉터마저
아름다운 기억으로 남길 바라며

오늘도
햇살 가득한 아침처럼
좋은 일만 가득하기를

비 오는 휴일

비 오는 휴일,
창밖을 바라보며 무얼 할까?

비 오는 휴일,
책장을 넘기며 생각에 잠길까?

비 오는 휴일,
달콤한 꿈속으로 빠져들까?

비 오는 휴일,
포근한 이불 속 휴식이 좋아.

비 오는 휴일,
맑은 날의 활기는 없어도
잠시 멈춤으로 충전하는 시간

비 오는 휴일,
편안한 잠에 빠져 본다.

인생의 흐름

구름처럼 흘러가는 인생
하늘의 강물이 되어 흐르네.

작은 구름, 큰 구름
크기를 떠나 같은 길을 걷네.

잘나고 못나고
부유하든 가난하든,
결국엔 모두 같은 길을 걸으니

걱정 말아요
우리 모두 어디론가 향하니까
한 방향으로, 조용히 흘러가니

슬픔과 기쁨을 안고
모두 같은 길을 걸으니

힘들어도 너무 슬퍼하지 마세요.
결국엔 모두 같은 곳에서 만나니
기쁨을 가득 안고 살아봐요.
한 번뿐인 인생,
끝에서는 모두가 만날 테니

함께하는 미래

햇살이 강물에 비치며
부서지는 빛에 눈이 부셔
그대의 아름다움이
생각나는 순간이오.

강물 위를 날아가는
한 쌍의 물새를 바라보며
우리의 앞날을 그려보오.

흔들리는 들판의 나무처럼
세상의 풍파를 견디며
한쌍의 새는 둥지를 지어
미래를 꿈꾸고 있소.

풍파 속에서도
서로를 돌보며 살아가는
한쌍의 새처럼
우리도 그 길을 걸어가길 바라오.

우리의 미래가
한 쌍의 물새처럼 되어
함께 풍파를 이겨내며
행복을 키워 가길 소망하오.

육교

빠른 자동차 위로
찬찬히 걸어본다.

험난한 인생에도
안전하게 건널 수 있는
육교가 있으면 얼마나 좋을까?

누구나
피하고 싶은 시간을
성큼성큼 건너고 싶을 때
만나고 싶은 육교

누군가에게
나도 육교가 되고 싶다.

험난한 시기에
힘든 연인, 친구, 가족들을
위한 육교가 되고 싶다.

나 또한
어렵고 힘들 때
그 시기를 안전하고
편하게 건널 수 있는
육교가 필요하다.

하지만 현실은
인생의 횡단보도 앞에서
불안한 시간이 지나고
파란불이 켜지 길 기다리고 있다.

이미지 : Designer (DALL-E3 구동)

소박한 선물

신이 세상에
빛과 그림자를 내려주듯,
우리도 서로에게
작은 마음의 선물을 나누자.

행복은
찾아 헤매는 것이 아니라,
기쁨을 나눌 때 비로소 찾아오는 것
받는 이의 웃음이
주는 이에게 기쁨으로 돌아오니

자신에게 작은 기쁨을 선물하고,
가족에게 사랑을, 이웃에게 관심을
그것이 우리에게 행복으로 돌아온다.

아무것도 아닌 것 같은
사소한 것들이
우리를 기쁘게 하고,
행복하게 한다.

행복의 레시피

모락모락 피어오르는 연기 속에
보글보글 타오르는 청국장의 노래

따각따각 리듬을 타는 도마 위
쓰윽쓰윽 춤추는 신선한 재료들

두 맛이 어우러져
아름다운 요리가 탄생할 때

동글동글 맺힌 이슬처럼
반짝이는 우리의 눈빛

꼬르륵 꼬르륵
기다림의 멜로디 속에서
방긋방긋 웃음이 피어나

두 마음이 만나
행복한 식사를 나누는 이 순간

세상에서 가장 따뜻한
가장 행복한 순간

산행

산길 초입
개 짖는 소리가 반겨주고
개울물 소리가 발걸음을 맞추네.

햇살이 등을 따뜻하게 하고
시원한 바람이 얼굴을 스치네.

이름 모를 들꽃과 진달래가 어우러져
등산로가 나를 반기네.

죽은 나뭇가지를 지팡이 삼아
서서히 정상을 향해 걸어가네.

혼자 걷는 이길 중간
이정표가 나를 기다리네.

지저귀는 새소리에
잠시 멈춰 뒤돌아보면
가까이서 못 봤던 시내 풍경이
아름답게만 보이네.

하산하는 부부와 반려견의 모습이
정상을 다녀온 후 밝은 웃음으로
나도 미소 짓게 하네.

강아지야 천천히 내려가렴
너의 소중한 주인들이
다칠까 염려되니

초록빛을 따라 오르니
푸른빛이 나를 반겨주네.

나무들이 손을 흔들어 아치를
만들어 주는 능선을 걸으니
마주친 정상이
흐르는 땀의 보상을
정상의 아름다운 경관이 주네.

행복의 메세지

아침 햇살 속에
사랑의 메시지를 담아
너에게 보내는
나의 마음

가벼운 인사로 시작되는
하루의 소중함을 알아
너와 나누는 대화 속에서
행복을 찾네.

기다림 속에 설레임이
가슴을 채우고
너의 목소리에
마음이 뛰네.

사랑하는 이에게
전하는 따뜻한 말 한마디에
세상 모든 아침이
더욱 빛나네.

봄바람과 꽃향기

봄바람 속에 숨은 꽃향기
차가운 기억을 녹이며
흩날리는 꽃잎 사이로
새삼스레 봄이 찾아온다.

바람결에 실린 약속처럼
꽃향기는 마음을 채우고
그윽한 꽃의 속삭임에
세상은 따스한 봄으로 물든다.

이미지 : Designer (DALL-E3 구동)

보라꽃

푸르름 속에 빛나는 보라색
넌 그녀와 같구나

아름다운 꽃
사랑스런 그녀와 닮았네.

외로이 그자리에서
빛을 발하네
그 빛에 내 마음이 끌리네.

손길이 다으면
부서질거 같지만
대지에 뿌리깊게 박혀
자리를 빛내는 그녀와 닮았네.

꽃봉오리가
그녀의 얼굴처럼 아름답게
활짝 반기네.

아름다운 들꽃
그녀를 닮았네.

길잡이

밤하늘의 별빛 아래
그대의 길을 밝히는
은은한 달빛 속에서
그대의 모습을 찾아요.

어두운 밤, 조용한 길
길 잃은 고양이의 울음소리
별들이 반짝이며
길을 안내하는 듯해요.

달빛 아래, 그림자가 춤추고
고양이는 길을 찾아
주인의 품으로 돌아가네요.

그대 어디에 있든
밤하늘의 별과 달이
그대를 지켜 주리라
믿어 의심치 않아요.

어두운 밤이 지나고
새벽이 밝아오면
그대도 길을 찾게 되겠죠.
별과 달이 이끄는 대로

비오는 아침

새벽의 고요함을 깨우며
봄비가 내리네요.

아직은
이 계절을 놓지 않으려는
봄의 마음이
비에 실려 내리네요.

새벽에 내리는 비가
봄의 아쉬움을 달래고
여름의 문턱을 낮춰주네요.

더위 속에
타들어 가는 대지를
촉촉이 적셔주네요.

당신이 계신 그 곳에도
비가 내리나요?

당신의 마음에도
비가 촉촉히 스며드나요?

내리는 빗소리가
당신의 목소리와 어우러져
나의 마음을 적시네요.

빗소리에 귀 기울이면
당신이 생각나요.

같은 소리를 듣고 있을지도 모르는
당신과 나,
멀리 있어도
이 비가 우리를 이어주네요.

이미지 : Designer (DALL-E3 구동)

운동

흐르는 땀방울 속에
의지가 불타오른다.

멈추지 않는 기계처럼
몸은 점점 강해진다.

밀려오는 고통 속에서도
건강이 자리 잡는다.

멈추지 않는 기계와
흐르는 땀방울과
밀려오는 고통이
함께하는 시간,
그 시간 속에서 건강이 태어난다.

메말라가는 입술에
지방이 사라진다.
바쁘게 움직이는
다리가 몸매를 조각한다.

멈출 듯한 숨결 속에서도
건강이 숨 쉰다.

메말라가는 입술과
바쁘게 움직이는 다리와
멈출 듯한 숨결이 함께하는 공간,
그 공간 속에서 건강이 꽃피운다.

한낮의 비

비 내리는 오후,
한낮의 어둠이 내려앉고,
그림자가 길게 늘어선다.

슬픔일까, 기쁨일까?
비는 알고 있을까?
그저 하늘의 눈물일까?

맑은 하늘을 가린 구름,
어둠을 가져오나?
대지를 적시러 오나?

차가운 심장에 스미는,
비의 따스한 위로,
슬픔을 씻고 기쁨을 불러오는

메마른 마음에 내리는,
이 비가 희망의 싹을 틔우길,
촉촉이 적셔주길 바라는 마음으로

연둣빛 단풍잎

산책을 하다가 마주친
연둣빛 단풍잎
너무 아름답게 물들어
내 눈길을 끌었네.

조용히 주워들어
나무 의자에 올려두니
사진 속에 남겨달라
손짓하네.

그 사진 속에 담긴
아름다운 단풍잎이 말하네.
자기는 단순한 초록이 아니라 연두라고

혼자 감상하기 아쉬워
생각나는 그대에게 이 모습을 보내네.

이제 연둣빛 단풍잎은
사진이 되어
그대의 배경 화면이 되어
사랑이 되어
나에게 매일 찾아오네.

논두렁의 회상

차창 밖으로 펼쳐진
넓은 논두렁,
비로 인해 호수로 변하네.

햇살이 논두렁에 반사되어
눈부신 광경을 선사하고,
눈 감으면 들리는 듯한
개구리 소리, 그리운 소리

콧물 흘리던 어린 시절,
논두렁에서 뛰노는
그 많던 개구리들은
이제 어디로 갔을까?

도시의 발전 속에
그들의 터전 사라지고,
나의 추억도 서서히
희미해져 가네.

아쉬움 가득한 마음으로
자연과 인간의 공존을 꿈꾸며
오늘도 조용한 논두렁을 지나
도시로 향하네.

자동차들의 행진

몰아치는 자동차들
거친 파도처럼 달리는 스포츠카,
잔잔한 물결처럼 걷는 화물차,
규정을 지켜가며 뒤따르는 승용차

목적지에 도착하기 위해
파도처럼 밀려가는 차량들
담담히 운전하는 사람들

모두가 빨리 목적지에 도달하고 싶어도
다 같이 경쟁하는 구간에 마주치는 구간
혼자만 경쟁을 뚫고 가고 싶지만
목적지에 도달하는 시간은 다르네.

우리는 모두 스포츠카일 수도
화물차일 수도, 일반 승용차일 수도 있지만
오늘도 인생의 목적지를 향해
모두 달리고 있네.
빠르게, 느리게, 정속으로
인생의 목적지로 향하고 있네.

목적지를 무사히 가기 위해
출발 전 충분한 연료가 필요하고
중간에 휴식도 필요하고
사고가 나지 않게 주의를 기울여야 하듯

우리네 인생도 안전한 운행을 위해
굳은 결심도 필요하고
중간에 상처도 치유하고
사건 사고가 발생하지 않게
준비해야 할 것들이 많네.

목적지로 향하는
우리의 기나긴 여정
모두 무엇을 위해
목적지로 향하고 있는지
중간에 멈출 수 없는 이 길
안전하고 행복하게 가다 보면
언젠가 목적지에 도착하겠지.

민들레의 꿈

길가에
조용히 피어난 민들레야,
너는 잡초가 아니야
희망의 메신저지

보도블록 틈새로
네가 힘차게 솟구칠 때,
세상은 너를 바라보며
기적을 믿게 되지

네가 홀씨로 변해
바람에 실려 날아갈 때,
네 작은 꿈들이
푸른 하늘을 수놓아

어디서든,
네가 뿌리내릴 곳에서
너는 희망을 피워내고,
사랑과 동행의 아름다운 꽃을 피우리라.

좋은 생각

좋은 것만 보고, 좋은 것만 듣고, 좋은 것만 먹고,
좋은 것만 생각해 보아요.

어려운 일이지만 해보아요.

하늘이 맑을 수만 있으랴
새소리가 즐거울 수만 있으랴
맛있는 음식이 항상 똑같으랴
그래도 생각은 좋게.

구름 없는 하늘도 이쁘지만
폭풍우 치는 하늘도 이쁘지 아니한가.
아침에 지저귀는 새소리도 이쁘지만
밤에 우는 까마귀 소리도 좋을 때 있지 않나.
부모님이 해주시는 음식이 맛있지만
시장에 파는 음식도 맛있을 때 있지 않나.

모든 것은 생각하기 나름
좋은 생각이 모든 상황을 좋게 만들고
힘들다고 생각할수록 더욱 힘들어지네요.

모든 것은 극복하기 전이 가장 힘들 듯
우리네 인생도 빛나기 전이 가장 힘들 듯해요.
이제 좋은 생각만 하고 살아보아요.

산행2

초록이 뒤덮은 산자락
반가운 얼굴들과 만나
오랜만의 대화로
그간의 삶을 나누니

어느덧 눈앞에 보이는 정상
두발은 힘들다고 움직이려 하지 않고
들숨과 날숨이 교차하며
이마에 땀이 송글 맺히네.

정상 앞은 왜 이리 힘든지
힘든 몸 부여잡고 정상에 오르니
지나간 고통은 사라지고
세상의 아름다움만 눈에 비치네.

능선을 따라 이동하니
발걸음은 가볍고
변해가는 풍경은 더욱 아름답네.

마지막 정상에 오르니
마음속에 뿌듯함이 넘쳐흐르네.

이 아름다운 경치를 두고
어찌 하산하고 싶겠냐마는
좋은 사람들과의 식사 자리를 위해

아쉬운 마음을 뒤로하네.

식사 자리에 미처 나누지 못한
개인 삶을 이야기하며
시간이 가는 줄 모르고
꽃을 피우니
헤어지기 아쉬워 자리를 옮기네.

이렇게 좋은 산행을 어찌 그만두리
다음 산행이 기다려지네.

이미지 : Designer (DALL-E3 구동)

밤하늘의 별

힘들 때 밤하늘을 보아요.
그리고 눈을 감았다.
다시 떠 보아요.
전보다 더 많은 별이 보여요.

우리의 인생
보이지 않은 별들이 보이듯
새로운 길이 찾아와요.

인생의 앞길이 막막할 때
심호흡 한번하고
눈을 감고 다시 떠봐요.
보이지 않던 길이 나타날 거예요.

우리 한번 노력해 봐요.
인생은 언제나 바래요.
자신의 길을 찾기를

자 눈을 감고 다시 떠봐요.

낭만포차

사람들이 모이는 곳
이곳은 낭만포차

아버님의 생일을 축하하며
가족과 함께 웃음 짓는 밤
멀리서 온 학생들의
향수 어린 대화가 귓가에 맴도는데.

옆자리 직장인들의 즐거운 수다
심각한 표정 뒤에 숨은 연인들의 사랑 이야기
여기는 낭만포차

아이들의 웃음소리가 가득한
가족들의 행복한 시간
이곳은 낭만포차

혼자 앉아 있어도
외롭지 않은 밤
마음의 짐을 잊고
술잔에 비친 웃음꽃
이곳은 낭만포차

왁자지껄한 소리와
하하호호 웃음이
하루의 고단함을 씻어내고
사랑으로 가득 찬
이곳은 낭만포차

약속의 무게

약속은
가벼운 깃털과 같아서 쉬이 날리기 쉽네.

그 가벼운 깃털
다시 올 때는 무거운 돌과 같아
온몸으로 받쳐도 그 무게를 감당하기 힘드네.

쉬운 약속도
어려운 약속도 지키지 않으면
호수에 던져진 돌처럼 마음속에서 가라앉으리.

아무리 사소한 약속이라도
우리에게 부메랑처럼
날아와 상처를 줄 수 있네.

약속은 지키라고 있는 것
쉬이 약속하지 말고 가볍게 생각하지 말자.

가족의 빛, 어여쁜 아이

착한 울 집 아이
혼자만의 걱정을 안고
가족의 가장으로 자리매김하네.

시집간 언니를 위해
집안의 걱정을 혼자 짊어지고
학생인 동생을 위해
지원을 아끼지 않는 마음

혼자 계신 엄마를 위해
아무 일 없는 듯 웃음 지으며
화목한 가족 속에서도
혼자의 무게를 안고 서 있네.

그 아이는
자신의 일을 스스로 극복하며
상처에도 불구하고
항상 웃음을 잃지 않아

그 아이에게
상처가 될까 늘 조심스럽고
옆에서 돌봐 주고 싶은 마음 가득해.

사랑하는 울 집 아이
너는 가족의 희망이야

소중한 목소리

따르릉, 뚜뚜
여보세요.
반가운 목소리
우리 지금 전화해 봐요.

생각나는 사람
보고 싶은 사람
누구라도 좋아요.

반갑게 맞아 줄 수 있는
친구도 좋아요.
사랑스러운 목소리의
연인도 좋아요.
오랜만에 가족도 좋아요.

지금 전화해 보세요.
휴대폰 너머 반가운 목소리
우리에게 힘들 줘요.

그들이 우리를 사랑해요.
외롭고 힘들 때만 하지 말고
무슨 일이 없더라도
연락해 봐요.
그들이 우리를 기다리고 있어요.

지금 이글 보고
당장 전화해요.
우리를 반기는 사람들이 있어요.

잠꾸러기 그녀

사랑스런 그녀
항상 바쁘고 힘든 하루를
보내지요.

팔 하나 대주면
그냥 코를 골고 잘 자요.

그녀의 숨소리는
나에게 자장가
나의 숨소리는
그녀의 자장가

예쁜 얼굴에
걸린 머리카락도
나의 심장을 두근거리게 하죠.

가만히 손을
잡고 있어도
심장이 터질 것만 같아

그녀 깰 까봐
옆에서 쳐다보지요.
코를 고는 것도 이쁘지요.

기다림의 시간

기다림은 늪 같아서
시간이 멈춘 듯해요.

누군가를 기다리는 마음은
구름처럼 흘러가네요.
천천히 움직이는 듯하지만
어느새 멀리 가 있어요.
기다림의 시간은 불현듯 다가오죠.

언제 올까?
지금은 올까?
약속 시간은 다가오는데
오지 않는 그대를 기다리는 시간은
왜 이리 지루하기만 한 걸까요.

약속 시간에 만나면 좋겠지만
보이지 않을 때는
마음이 폭풍에 휩싸이네요.
근심의 늪에 빠져요.

언제 올까?
무슨 일이 있을까
그 시간은 우리를 힘들게 해요.

만나면 안심이 되고

걱정이 사라지지만 화도 나요.

그래도 그대가 와준 것에
감사하며 안부를 물어요.

우리의 기다림은
마음을 흔드는 늪이에요.

이미지 : Designer (DALL-E3 구동)

들꽃의 속삭임

어디에도 속하지 않아
누구나 볼 수 있는 곳에
조용히, 아름답게 피어나는 들꽃

때로는 관리가 필요해도
준비되지 않은 곳에서
기다림을 택한 들꽃은
나를 보러 올 이를 기다리네.

잠시 머무는 꿀벌, 나비와 같이
나도 잠시 그 아름다움에 머물러
들꽃에게 눈길을 주네.

이 순간이 너무 아름다워
눈길에만 담기엔 아쉬워
사진에 남겨 사랑하는 이에게 보내네.

산책길에 만난 들꽃
이름은 몰라도 그 아름다움은
기억 속에 영원히 남네.

나도 누군가의 기억 속에
남을 수 있기를 바라며
아름다운 들꽃에게 안녕을 건네고
자리를 떠나네.

창조의 사랑 : 인류의 미래를 향한 여정

태초에 하나님이 천지를 창조하시니라.
우리는 무엇을 만드는가?
새로움을 창조하는 인류,
우리는 무엇을 추구하는가?

신의 영역에 도전하며
하나님을 모방하는 인간.

하나님은 인류를 위해 모든 것을 창조하셨네
우리의 목표는 무엇인가?

새로움은 과거를 밀어내고 자리를 차지하네.
우리는 무엇을 밀어내려 하는가?
밀어내면 사라지는 것은 무엇인가?

인류의 미래를 위해 새로운 것을 만드는 우리,
무엇을 추구하는가?

무에서 유를 창출하는 하나님,
유에서 유를 만드는 인류,
새로움을 탄생시키다.

하나님이 사랑으로 우리를 창조하셨듯이
우리도 사랑으로 새로움을 만들어 가자,
우리의 후손들을 위해, 인류의 미래를 위해.

장마

더운 여름이 오는 길을 반기듯
하늘은 구름으로 그림을 그리네.
지우고, 다시 그리며 반복하는데
며칠이나 이어질까요?

구름이 지워질 때마다
슬픔에 잠긴 하늘은 더욱 어두워지고
구름이 사라져 땅에 닿을 때면
너무 많이 지워져 물이 넘쳐흐르네.

살아가는 터전을 잃는 이들도 있고
사랑하는 사람을 잃는 이들도 있지요.
올해는 그런 소식 없이 평안하기를 바라네요.

오늘도 하늘은 구름을 그리고 있어요.
조금씩만 지워져 가벼운 비가 되었으면 좋겠네요.

여름 길을 깨끗이 치우는 것도 좋지만
아직 떠나기 싫은 봄을 위해
조금씩, 천천히 지워 가면 좋겠어요.

당신과 함께라서

동일한 풍경을 바라보며,
동일한 소리에 귀 기울이며,
동일한 맛을 즐기며,
동일한 향기를 맡으며,
동일한 감정을 공유하며,

동일한 목표를 향해
나란히 걸어가는 당신과 함께라서
나는 참으로 행복합니다.

이미지 : Designer (DALL-E3 구동)

밤하늘의 별

보이니 어둠속의 별
밤하늘에 누워 하늘을 봐
어둠을 밝히는 빛나는 별

구름이 가리려 해도
우리에게 빛을 비추는 별
오래전 빛나던 별이
수많은 시간이
지난 뒤에 나에게 도달해
저 멀리 머나먼 곳에서
자신을 알아주라고 빛나던 별

수많은 시간이 지난 후
눈 앞에 찾아왔네.

빛나는 별이 전하네.
지난 시간 다 잊고
반짝이라고
지금까지 걸어온 길을
난 안다고 당신의 노력을

리듬 속의 위로

멋진 음악과 조명 속에
오늘의 고단함을 잊고
몸이 리듬을 따라 흔들어요.

고달픈 하루는 멀리
이젠 이곳에 없어요..
리듬에 몸을 맡기며
어깨를 가볍게 흔들어봐요.

조금씩, 조금씩
고달픔이 사라져요.
너무 세게 흔들진 마세요.
한 번에 다 가시지 않으니까요.

가볍게, 천천히
어깨를 흔들어요.
가끔은 술 한잔을 더해
더 신나게, 더 가볍게

빗속의 맛과 사람 냄새

비 오는 날엔
전을 한번 먹어요
모듬전이 아니어도
해물파전, 김치전, 감자전
어느 거라도 좋아요.

비 속에 퍼지는 전의 기름냄새가
발을 붙잡네요.

전에는 막걸리가 좋아요.
전의 기름을 쏙 내려주니까
소주도 좋아요.
기분이 좋아지니까
맥주면 어때요.
전은 친구를 가리지 않아요.

우리도 가리지 말고
사람들과 어울러봐요.
좋은 짝꿍을 찾을 테니

허름한 식당에서 어르신이
부쳐주는 전을 먹어봐요.
맛에서 내공이 느껴져요.
깔끔한 식당의 젊은 청년이
부쳐주는 전도 좋아요.

새로운 스타일의 전도 맛나요.

비 오는 날 어느 식당이던 좋아요.
어떤 종류의 술도 좋아요.
비 오는 날의 정취를 느껴봐요.

사람사는 냄새가 풍기는
전집에서 인생을 느껴봐요.
우리도 정취나는 인생을 살아봐요.
사람 냄새 맡으며 인생을 즐겨요.

이미지 : Designer (DALL-E3 구동)

비 온 뒤의 맑음

검은 구름이 밤새 색을 씻고
새벽과 함께 본래의 색을 되찾네.
인생의 어두운 그림자도
잠에서 깨어나면 사라질까?

하지만 우리네 인생은
어두운 시간이 쉽사리 가시지 않네.

하늘을 올려다보라,
인생도 곧 다시 밝아질 테니
너무 낙심하지 말고,
굳세게 버티며 빛나는 날을 기약하리.

오늘도 구름 사이로 비치는 햇살을 보며
밝은 미래를 기도하고
현재에 최선을 다하리.

새로운 시작

낯선 땅에 첫발을 내딛는 순간,
희망과 두려움이 교차하는 그 찰나,
우리는 새로운 시작을 맞이하네.

언어가 다르고, 문화가 달라도
마음속 깊은 곳엔 같은 꿈이 있네.
서로 다른 길을 걸어도,
우리는 같은 하늘 아래 있음을 느끼네.

작은 상점, 그곳에서 피어나는 우정,
반가운 인사로 마음을 나누는 사람들.
위험한 거리 속에서도
희망을 잃지 않는 그들의 용기.

이것이 우리의 이야기,
새로운 땅에서 피어나는 삶의 꽃.
인간과 인공지능, 서로 다른 존재지만
함께 만들어 가는 미래의 꿈.

행복

행복은 물건이 아니라
바람처럼 잡히지 않는 것
느낄 수 있지만 볼 수는 없는 것

행복은 공기와 같아서
보이지 않지만 항상 주변에
머물고 있어요.

행복은 남에게서 오는 것이 아니라
스스로 찾아내야 하는 것
멀리 있는 것 같지만 사실은
가까이에 있어요.

행복은 우리에게 말해요.
항상 자신 안에서 찾으라고
하지만 우리는 종종 그것을 놓쳐요.

행복을 찾아보세요.
그것은 바로 여기, 가까이에 있어요.
그리고 계속 우리와 함께할 거예요.

그리운 사람

눈을 감아도 그림자처럼
생각나는 그리운 사람
조석으로 안부만 물어도
마음이 따뜻해지는 사람

좋은 것을 봐도
맛있는 음식을 먹어도
언제나 그림자처럼
생각나는 사람

날이 좋아도
날이 흐려도
마음속에 늘 빛나는
그리운 사람

항상 그립고 보고 싶은 사람

기다림의 미래

사진 속 그녀는
뒷모습

아름다운 얼굴을
숨기네

반짝이는 별처럼
아름다운 그녀는

만개한 벚꽃처럼
아름다운 그녀는
뒷모습

그녀의 앞모습을 보고 싶다.

석양 속에 빛나는 그녀

무슨 생각일까?
궁금케 하는 사람

석양은
내일을 기약하며
오늘을 지우는 걸까?
아님 오늘을 기억하기 위해
세상을 물들여 안고 가는 걸까?

석양에 생각을 지우고
아름다움에 빠지네.

석양을 함께하는 사람
그 사람의 생각이 궁금하네.
아름다움에 취해
태양이 바다로 잠길 때까지
한없이 바라보네.

그녀의 머릿결은 석양빛에 물들고
그녀의 뒷모습은 바다를 향해 서 있네.

나의 사랑도 그녀를
포근한 맘으로 감싸며
빛나게 밝혀주고 내일을 기약하네.

영원한 연인

무더위 속 첫 만남
그녀의 아름다운 미소는
길을 안내하는 이정표
그녀의 부드러운 목소리는
반가움의 멜로디

그의 메시지는
즐거운 시간의 초대장
매일 아침 인사는
그의 마음속 행복의 노래

영원히 지속되길 바라는 사랑
함께 있으므로 더욱 빛나는 연인의 하루

사랑이라는 이름으로 영원히 함께하길

영원한 동행

어제, 오늘, 내일
함께 할 사람

과거, 현재, 미래
같이 할 사람

지난날, 지금, 다가올 날
동행할 사람

그 사람이 당신입니다.

미래의 시작점

따듯한 햇살
달콤한 커피 향 내음
활짝 웃는 동료들
그 사이에 있는 나

서로가 서로에게
힘이 되어주며
좋은 일도 함께하는
우리들의 작은 세계

서로의 부족함을 채워주고
함께라는 소속감이 있는 이곳

마주 보는 눈빛 속에
전해지는 믿음과
함께 나아가는 꿈을 꾸는 우리는
더 좋은 미래를 위해 한 걸음씩 나아간다.

이곳이 바로
우리가 함께 꾸는 미래의 시작점

그리움의 바다

찰랑이는 물결 너머,
그리운 엄니가 계실까?

홀로 떠다니는 배,
그곳으로 데려가 줄 수 있을까?

기다려도, 기다려도,
오시지 않는, 올 수 없는 엄니

엄니, 사랑해요,
이 말 한마디, 전하지 못했네.

그리운 엄니,
물결 너머 그곳에서,
편안히 계시길

언젠가 먼 훗날,
그곳에서 다시 만날 때까지,
사랑한다고 말할 때까지

그녀와 자연

햇살이 물결 위로
부드럽게 내리고

상쾌한 바람이
꽃들을 어루만지고

아름다운 구름이
강물을 따라 흘러갈 때,

자연의 경이로움에 눈길이 멈추고
바삐 가던 발길이 멈추고
생각이 멈출 때,

마음속 깊이 그리워지는 한 사람

그녀는 누구일까?
바로 당신,
아름다운 당신

사랑의 계절

따스한 바람이
사랑을 싣고 오네.

따뜻한 기대 속에
손길 내민 시냇물에 발을 담그니
차가움이 몸을 감싸네.

따스한 바람도
아직은 시냇물을 녹이지 못하고

한여름의 꿈을 꾸며
차가운 현실에 놀라네.

우리의 사랑도
시냇물처럼
아직은 차갑고 맑게 흐르네.

시냇물이 따뜻해질 때까지
서로의 마음을 나누며 기다리자.

하얀 셔츠

햇살 아래
흔들리는 그림자마저
깨끗한 하얀 셔츠

바람에 날리며
춤을 추는 듯 하얀 셔츠

엄니의 기도가 담긴
따스함을 간직한 하얀 셔츠

먼 길 돌아와도
항상 그 자리에
기다리는 하얀 셔츠

엄니의 사랑처럼
빨랫줄에 걸려
변치 않는 엄니의 사랑을 담아
하얀 셔츠가 주인을 기다리네.

굳은살 박인 손

술기운에 잠긴 어느 날 밤,
평화롭게 잠든 아버지 곁에서

옆에 누워 조용히,
살며시 잡은 그 손

그 손에 세월이 서려 있네,
거칠고 통통한 손가락에

눈물이 흐르는 걸 어찌할까,
그 손을 놓지 못하고

아버지, 항상 감사드립니다.
언제나 행복하시길 바랍니다.

어린 시절의 학교

어릴 적 오르막길,
등굣길은 하늘 높이 솟았었네
이제는 그저
편안한 길이 되었네

뛰어놀던 운동장,
넓디넓던 그곳은
이제는 작은 마당으로 남았네

웃음 가득했던 교실,
많은 친구들과의 추억이
이제는 조그만 공간에 머무르네

모든 것이 컸던 그 시절,
지금은 그 공간들이 그리워지네

숨결의 다리

홀로 헤매는 너를
볼 때마다,
손을 뻗어 안으려 해도
아직은 닿지 않는 거리

가라앉지 않으려면
휘젓지 말고,
나의 손을 잡아 줘

발버둥 치는 순간을 멈추면,
숨이 멈출 것 같아도
그 순간은 잠깐뿐이야.

그대를 위해
숨결의 다리를 놓을게

내 손을 잡아,
아직 불확실해 보여도,
그 절망 속에서
너를 꺼내 줄게

혼자서는
너무나 험난한 길,
함께라면
그 길도 이제는 아니야.

따뜻한 목소리

수화기 너머 들려오는
따뜻한 목소리

힘들 때 힘이 되고
좋을 때 기분이 배가 되는
정이 있는 목소리

따뜻한 마음이
수화기를 타고 전해오네.

따뜻한 목소리가
수화기를 타고 오네.

외로움을 달래 주고
기쁜 마음이 배가 되는
정이 있는 목소리

아름다운 사랑이
수화기를 타고 전해오네.

마음을 담은 기상청

오늘은
비 온 뒤 맑음
미세먼지 없는 하늘
산책하기 좋은 날
당신만의 일기예보

당신의
건강을 바라는
마음을 담아
매일 당신을 위해
날씨를 확인하네

당신의
하루가 시작되는
매일 같은 알람
사랑의 기상청이 되네

사랑하는 동생

나이 드신 부모님
식사가 불편할까 걱정되어
매일 문안 인사 하는 멋진 동생

힘든 내색 하지 않고 퇴근하면
혼자 계신 부모님 생각으로 집으로 달려가
집안일을 모두 처리하는 멋진 동생

못난 형 만나 어렸을 때부터
고생만 한 동생
지금도 그 뒷바라지하며
아무것도 못 하는 동생

그 동생 위해 무엇으로 보답하리요.
사랑한다. 동생아

숨은 그림

하늘에 사랑이 숨겨져 있네.
그리운 님이 보내준 사진 속
하늘 속 구름에 사랑이 숨어있네.

푸른 하늘 속 둥둥 떠다니는 구름이
그 사랑을 전해주네.

"사랑해요"라는 말을 하늘에게 전해보세요.
그 사랑을 전해주어요.

"나도 사랑해요"라고 외쳐보네.

좋은 동료

나의 동료들은 동물이에요.

지친 동료를 위해
자신의 것을 내주는
흡혈박쥐처럼
자신의 시간을 나눠줘요.
자신도 지쳐 있는데
같이 도와 일 처리를 해요.

거친 외부 환경에서
서로를 감싸주는
황제펭귄처럼
실수해서 문제가 생기면
서로 도와 헤쳐 나가요.
자신에게 피해가 올지 모르는데
그런 일 생각 안하고 일 처리해요.

힘든 동료를 위해
자신의 코로 이끌어 주는
코끼리처럼
동료들을 알려주고 끌어줘요.
자신도 힘든데
같이 도와 이끌어가요.

우리 회사는 다른 회사보다
선한 동물이 많아요.
좋은 동료들이 고마워요.

숫자 1

좋아하는 숫자 1이
사라지길 바랐어요.

그 숫자는 항상 특별했는데,
어느 순간
기다리는 숫자가 되었어요.

좋아하는 숫자가 사라지면서
제 마음이 당신에게
전달되길 바랐어요.

직접 전하고 싶지만,
더 멀어질까 봐
숫자로 보내요.

숫자가 사라진다고
변하진 않지만
마음이 그대에게 닿았을까요?

오늘도 메신저에
그대에게 맘을 담아 숫자 1을 보내요.
내 마음이 그대에게 전달되길 바라요.

사랑의 여정

지난날
서로에게 상처를 준 것도
우리에겐 함께하기 위한 여정일 뿐

미안한 마음이
거대한 쓰나미처럼
마음을 휩쓸고 다니네.

모든 것을 쓸어가고
아픔만이 남았네.
차라리 남기지 말지.
그럼 마음이라도 편할 텐데.

이런 마음이 남았기에
우린 아직 헤어진 것은 아니리.

쓰나미가 지나간 자리에
다시 꽃이 피고 나무가 자라듯
우린 다시 여정을 함께하리.

우리에겐
아직 서로의 신뢰가 남아 있기에
상처가 아물고 다시 사랑이 피어나길.

사랑의 감정으로 상처를 치유하며

우리는 더 강해지리.

우리에겐 아직 해야 할
약속이 남아 있기에
아직 헤어진 것은 아니라
우리가 함께하기 위한 여정일 뿐.

이미지 : Designer (DALL-E3 구동)

데이트

당신과의 데이트를 고대하네요.
우리의 첫 만남은 어색했지만
이제 서로를 더 알게 되었으니
다시 데이트를 할까요?

아무 계획 없이 만났던 그때와 달리
이제는 서로의 취향을 알죠
탕을 먹거나 등산을 하거나
함께 여행을 떠나도 좋아요.

당신이 좋아하는 것들을 알게 되어
언제라도 좋아요, 당신이 시간만 내어준다면
멋진 데이트는 아니어도
기억에 남는 시간을 보내고 싶어요.

오늘도 당신과 함께할 날을 꿈꾸며
당신에게 데이트를 신청해요.

밀림 속의 사자들

깊은 밀림 속,
사자들이 모여
우두머리 사자를 중심으로
서열이 정해져 행동하네.

무리를 위해 사냥을 나서고,
외부의 위협에 맞서며,
목숨을 걸고 싸우는 사자들

우리는 그 밀림 속 사자들처럼,
대표를 중심으로 움직이는 회사에서
실적을 올리기 위해,
경쟁사에 뒤처지지 않으려 열심히 뛰는 사원들

밀림 속에서 길을 찾듯,
우리는 사회라는 밀림 속에서
자신의 길을 찾아 나아가네.

아침의 인사

매일 아침 눈을 뜨면
자연스레 떠오르는 당신.

당신이 좋아할 모습을 그리며
좋은 글귀를 찾는 나.

하루 종일 즐거운 일을 하면서도
가슴 떨리던 그 순간만큼은 아니네.

언제부터였을까.
자연스레 보내던 메시지
고맙고 감사하던 그때가 언제였을까.

시간이 흘러 더 이상
아침에 메시지를 보내지 않는 날이 오면
지금 이 순간을 기억할까.

아침에 메시지를 보내는 이 시간이
영원하길 바라는 내가
사랑하는 사람
그 사람이 바로 당신입니다.

인연의 실타래

우리는 무슨 관계일까?

잠시 스치는 인연일까?
영원히 함께하는 인연일까?
우리의 의지에 달려 있을까?
아니면 하늘에서 정해줄까?

대자연의 한 점으로 존재하는
우리는 무슨 인연일까?

우리의 시간은
함께 흘러가고 있는데
어느 자리에 어떻게 존재할까?

우리의 인연은
서로에게 도움을 주는 인연일까?
우리의 인연은 좋은 인연일까?

우리의 인연
우리 스스로 만들어 가자.

진심의 힘

미안하단 말
백번을 하면 무엇하리
진심 어린 말
한마디면 될 것을

사랑한단 말
백번을 하면 무엇하리
진심 어린 말
한마디가 없다면

우리의 대화에
상대에 대한 배려가
담겨있어야
진심이 전달될 것을

미워하는 말
한마디는
사랑한다는 말
백 마디보다 강한 것을

고맙다는 말
한마디는
진심이 없어도
그 말에 힘이 있다.

사랑한다는 말
한마디는
진심이 없다면
그 말에 힘이 사라진다.

상대방에게
싫은 말은 절제하고
우리는 말에
진심을 담아 살자.

이미지 : Designer (DALL-E3 구동)

사랑의 안부

태양이 폭풍처럼 내리쬐는 날
선선한 바람을 맞으며 사무실에 앉아
당신을 생각하네.

이 더위 속에서 무엇을 하고 있는지
염려와 궁금증이 무더위처럼 밀려오네.

더위에 조심하시고
냉방에 조심하시고
더위도 걱정, 추위도 걱정
그 걱정이 염려인지 사랑인지
매 순간 당신의 안부를 묻네.

배고픈 순간, 밥 한 술을 뜨고 나니
당신은 식사를 했는지
굶고 있는지 궁금해져

때를 놓치지 마오
배불러도 걱정, 굶어도 걱정
그 걱정이 염려인지 사랑인지
매 끼니마다 당신의 안부를 묻네.

관계 속에 묻다

무엇을 하는지, 누구를 사랑하는지
누구에게 연민을 느끼는지
혼자인지, 함께인지 고민하네.

모든 것을 줄 수 있을지
모든 것을 받아들일 준비가 되었는지
아니면 결정조차 할 수 없는지

사랑 앞에 서면
우리는 무엇을 결정해야 할까?

상대를 걱정하고
같은 미래를 바라보며
모든 것을 받아들일 준비가 되었는지
아니면 이것만은 안 된다고 생각하는지

사랑이라면
우리는 무엇을 바라고 고민하는가
지금 우리는 사랑하는가?

사랑의 이유를 묻지 마오

왜 사랑하는지 묻는다면
그건 이별의 첫걸음일지니
좋은 것들에겐 이유가 있을지라도
사랑엔 이유가 없으니

들판의 꽃도 이름 모를지라도
아름다움에 이끌려 사랑하고
선물 받은 장미 한 송이에도
담긴 마음 알아 그저 좋아하네.

음식, 음악, 동물, 사람까지
좋아하는 이유 알기에 사랑하고
하지만 진정한 사랑 앞에선
이유를 묻지 않는 법이니

마음속 깊이 스며든 사랑
그저 그대로 받아들이며
사랑한다 말하며 이유를 묻는다면
그건 이미 마음이 멀어진 징조

사랑할 때는 이유를 묻지 말고
그저 사랑하며 살아가자.

비밀 같은 사랑

우리의 사랑은 비밀
다른 이의 축복 없이도
슬픔은 금물이야.

우리의 사랑은
세상이 몰라도 좋아
우리 둘만의 아름다운 비밀

가끔은 만나서
밥 한 술, 술 한 잔 나누며
그 소박한 순간들로도 충분해.

우리의 사랑은,
세월이 흘러 모두가 알게 되어도
변치 않는 영원한 약속

시간이 흐르고
우리의 비밀이 드러나도
우리의 사랑은 그대로야
우리의 사랑은, 비밀, 쉿—

기억 속의 기념일

어머니의 날, 기쁨의 축제였네
이제는 눈물로 기억되는 날
마음 깊은 곳에 간직해야 할 날
축하 대신 조용히 기리는 날

가족이 함께 모여 웃음꽃 피우던 날
이젠 그저 평범한 하루로 남았네

평범함 속에 숨겨진 아픔이
가슴 한켠을 채우는 날
축복의 순간이 사라진 날

매년 돌아오는 그날이면
기억의 힘을 믿을 수 있을까
새로운 날들이 오면서도
영원히 마음에 남을 날

세월이 흘러도
잊혀지지 않을
기념하지 않아도
기억 속에 영원히 머무는 날

어머니의 생신을 기리며
사랑하는 자식의
조용한 기억 속의 기념일

무관심한 지난날

무심했던 날들 속에서
어느새 마주한 어르신의 손길
폐지를 줍는 모습에
가슴 한컨이 젖어드네.

그 분에게도 분명
사랑하는 자식이 있을 테지만
그들은 어디에 있을까
생각만으로도 눈물이 난다네.

엄마가 멀리 떠나시기 전
내 마음이 얼마나 가벼웠는지
이제 와서야 깨닫는 후회의 무게

살아가며 엄마를 생각한 순간들
그저 바쁜 일상에 치여
자식된 도리를 잊고 살았네.

폐지를 줍는 이들을 보며
내 자신을 돌아보는 오늘
살아계신 부모님께
효도하는 마음을 다짐해 본다네.

엄마, 보고 싶은 마음 가득히
무관심했던 삶의 벌을 받으며
오늘도 엄마를 그리워하며
공원 벤치에 홀로 앉아있네.

서약

사랑합니다.
별빛처럼 반짝이는
당신이 나의 밤하늘을 환하게 밝혀주네요.

사랑합니다.
산들바람처럼 부드러운
당신이 나의 얼굴을 살며시 어루만져 주네요.

사랑합니다.
햇살처럼 따스한
당신이 나의 삶을 포근하게 데워주네요.

사랑합니다.
꽃향기처럼 달콤한
당신이 나의 일상에 향기를 더해주네요.

당신은 나의 모든 순간에
사랑으로 가득 차 있네요.

사랑하는 당신에게

소주 한 잔에 당신이 보고 싶어지고
소주 한 병에 당신이 그리워지네
소주 두 병에는 당신에게 달려가고파

소주 한 잔에 좋았던 순간들이 떠올라
소주 한 병에 사랑했던 기억들이 새록새록
소주 두 병에는 당신과의 미래만 그려져

술기운에 하는 말이 아니야.
항상 당신 생각에 젖어 사랑하니까.
이 순간에도 당신이 너무나 보고 싶어
더욱더 당신이 그리워져.

사랑해, 당신
말로 다 표현할 수 없는 내 마음.

그녀의 희망

그녀가 바라는 것은 단 하나
자신의 취향에 맞춰달라는 것.

내가 좋아하는 이는
사랑에 쉽사리 빠지지 않고
애정을 아낌없이 표현하는 사람.

내가 사랑하는 이는
대화가 통하는 사랑을 찾고
순수함에 마음을 빼앗기는 사람.

그 사람은
상대를 위해 자신을 맞추고
사랑에 빠지면 오롯이 그 사람만을 바라보네.

사랑의 무게

사랑의 무게, 얼마일까?
힘센 이도 사랑 앞에선
책임의 무게에 숙연해지고

사랑하면, 가벼운 발걸음으로
구름 위를 걷는 듯하니

진정한 사랑의 무게는 무엇일까?
책임감에 무겁기도 하고
즐거움에 가볍기도 한
당신의 사랑은 어떤 무게인가요?

사랑의 무게를 느껴보세요.
그 무게를 알기 위해선
지금 당장 사랑을 나누세요.

그 무게를 체감해보세요.
가벼우면서도 무거운, 사랑의 진정한 무게를

라이딩하는 그녀

시원한 바람을 가르며 달리는 자전거
푸른 하늘을 향해 자유를 품으며

마주치는 바람과 뛰노는 강아지
그 옆에서 함께하는 아름다운 여인
부드러운 페달 돌림에 따라오는
상쾌한 공기의 따스한 포옹

흐르는 구름을 동반자 삼아
지평선을 향해 나아가는 자전거
그녀와 그녀의 충직한 반려견
함께하는 여정 속에 빛나네.

시원한 바람을 맞으며
오늘도 라이딩하는 그녀
그 모습 너무나 아름답네.

잠자는 그녀

그녀가 잠들어 있네요.
달콤한 숨결이 밤을 채워요.
그 소리에 잠 못 드는 밤
조용히 그녀를 바라보죠.

피곤에 지친 듯 코를 골며
그녀는 평화롭게 숨을 쉬어요.
바람에 살랑이는 이불 속
따뜻하게 꿈을 꾸고 있죠.

손을 잡고 같이 잠들고 싶지만
두근거리는 마음이 허락지 않아요.
그저 곁에서 바라보며
그녀의 평온을 지켜줄게요.

창밖 빗소리는 자장가가 되고
새벽을 알리는 새들의 노래
그녀 옆에서 바라보는 것만으로
이 밤이 더욱 소중해져요.

사랑에 빠진 걸까요?
잠든 그녀의 모습에

비 오는 날의 그리움

장마의 하늘, 뚫린 듯 비가 내리고
잠결에 깨어 듣는 빗소리에
그리운 님의 얼굴이 떠오르네.

비를 맞을까, 우산은 챙겼을까?
사랑하는 가족들과
비 오는 날의 즐거움을 찾고 있을까?
아니면 슬픈 모습으로
비 오는 거리에서 방황을 할까?

잦아드는 빗소리, 자장가처럼 들려와
다시 잠이 들어 꿈속에서라도
그대와 비 오는 정취를 나누며
하루의 피로를 함께 풀고 싶네.

우리 님 함께하는 날까지
빗소리에 잠을 깨겠죠,
사랑하는 님 걱정되어

하늘의 축복

하늘에서 별이 내려와
눈앞에 반짝이네요.
아름다운 꽃들이
들판이 아닌, 바로 여기
내 발아래 피어나네요.

그대가 내 앞에 있으니
이것이야말로 하늘의 축복,
가까이에서 보니 그대 빛나는
별빛만큼이나 아름답고,
꽃향기만큼이나 달콤하네요.

그대의 선한 마음이
빛과 향기로 세상을 물들이고,
사랑스러운 그 마음이
나를 기쁘고 행복하게 해요.

추억의 친구들

운동장에서 뛰노는
어린 친구들을 보며
그 시절 친구들의 얼굴을
그려본다.

농구공, 축구공
가지고 놀던 시절
뒷동산에 앉아
허름한 안주에
술잔을 기울이던 친구들

이제는 성인이 되어
그때의 추억이
가물가물해지네.

술잔을 기울이던
친구들은 지금 어디서
무엇을 하고 있을까?

오랜만에 전화나 한번 해
번개 한번 해
그때의 기억을 떠올리며
술이나 한잔해야겠다.

혼술

혼자서 마시는 소주 한 잔
쓰레기 같던 기분이 떠오르네.
반 병이 지나면서 기분은 날아가고
한 병을 비우면 마음이 풀리네.

두 병째에는 외로움이 몰려와
세 병째에는 혼술의 이유가 흐릿해.
술잔을 비울 때마다 그대 생각이 나
강인한 마음도 서서히 무너지네.

술잔 부여잡고 다시 일어나 강해지자고
하하, 웃으며 마음을 다잡네.

이미지 : Designer (DALL-E3 구동)

광대의 눈물

무대 위 홀로
웃음 가득한 얼굴로
춤추는 광대

그의 눈은 말하네
웃음 뒤 숨겨진 이야기
그의 마음은 소리치네
슬픔의 무게

자유를 갈망하는
진실된 웃음을 찾아서

광대여, 눈물을 닦고
진심으로 웃어요.
그대의 행복을 위하여.

술잔 속 작은 행복

행복이란 무엇일까?
좋은 이들과 어울려
술잔을 기울일 때 찾아오는 것

우울한 마음도
한잔에 날려버리고,
시기와 질투도
한잔에 사라지니
남는 것은 오롯한 우리의 정

술 한잔에 우정이 깊어지고,
술 한잔에 동료애가 쌓이며
술 한잔에 사랑이 자라나네
쌓일수록
행복도 함께 자라나

행복이 넘쳐흘러
이야기는 꽃처럼 피어나고
기쁨의 물결이 출렁이네
사랑이 넘치는 밤

함께 술잔을 나누어요.

숨겨진 진실

호기심에 시작된 습관
멈출 수 없네요.

하얀 연기 속에
숨겨진 진실을 알면서도
피할 수 없는 유혹
또다시 하얀 연기에
나의 근심을 날려 보내요.

매일 매일의 싸움 속에서
나 자신과의 약속을
깨트리고 말았네요.

함께하고 있지만
언젠가 헤어져야 하는
동반자가 되었네요.

이제 우리 관계를 멈춰야 해요.

다시 시작된 변화의 여정
희망의 끈을 놓지 않으리.

슬픔 너머의 미소

슬픈 눈의 그녀,
흔들리는 눈동자 속
떨리는 목소리로 말하네.

금방이라도 흘러내릴
눈물을 간직한 채,
그녀는 조용히 서 있네.

무슨 사정이 있을까,
조금만 다독여 주면
울음이 터질 것만 같아

아픔은 잠시뿐,
인생은 길고도 넓어,
슬픔 뒤엔 기쁨이 기다리고 있어.

힘을 내요, 그녀여,
아름다운 미래가
당신을 기다리고 있으니

기다림의 늪

기다림은 늪 속에
시간이 멈춘 듯 흐르지 않고
누군가를 기다리는 마음은
천천히 이동하는 구름과 같아
어느 순간 멀리 흘러가듯
기다림의 시간은 어느덧 다가오네.

언제 올지, 지금 오는 건지
약속 시간은 다가오는데
오지 않는 이를 기다리는 시간은
왜 이리도 지루한 걸까.

약속 시간에 만나면 좋으련만
보이지 않을 때 우리의 마음은
폭풍처럼 요동치고
근심의 늪에 빠지네.

언제 올지, 무슨 일이 생겼을지
그 시간은 우리를 힘들게 하고
보이면 안심이 되지만
그동안의 걱정은 화로 변하네.

그래도 이 자리에 온 것을
감사하며 안부를 묻고
우리의 기다림은
마음을 흔드는 늪이라네.

낭만포차

웃고 떠드는 소리 속에
서로의 염려와 안부가
메아리쳐 공간을 울리고,
그 속에 사랑이 숨 쉰다.

밝고 경쾌한 소리
웃음이 넘치는 술자리

어디에서 술 한잔한 듯
넘치는 활기
주변에 즐거움을 나눠주네.

언제부터
들리지 않았던 노래가
즐거움이 잠시 멈춘 사이
분위기를 끌어올리네.

그녀들의 웃음이
하루의 피곤함을 어깨에
짊어진 사람과
고독함을 느끼는 사람의
외로움을 날려 보낸다.

혼술2

어두운 골목
쓸쓸함이 밀려오네.

마주 오는 연인들
목적 없이 걷는 골목길
돌아 나오니

여기저기
손짓하는 간판들
그 안에 있는
연인들, 친구들 직장동료들
사이로 스며들어 보네.

안주하나 소주 한 병
이것이 나의
연인, 친구, 동료가 되네.

자 이제 잊고
소주 한 잔 넘기고
안주 한입 먹으니
외로움이 사라지네.

오늘을 즐겁고 행복하게
마무리 잘하고
내일을 맞이하자.

아름다운 어둠

햇살이 아름다운데
마음은 어둡네.

햇살이 너무 아름다워
보고 싶지만
마음이 더 착잡해지네.

세상사 모든 것이
좋을 리 없다만
서로의 신뢰가 무너지니
마음이 무너지네.

햇살을 받아
반짝이는 건물도
이제는 보기 싫어지네.

아, 마음이 어두우니
아름다운 빛이 밝혀도
세상이 어두워 보이네.

이 어둠 걷고
웃음 한 번 짓고
어두운 세상
밝히러 나아가 보세.

오늘도 책상에 앉아
어두운 세상 밝히러 애쓰네.

이별

가슴 아파도
잊어야 한다면
잊어야지

당신이 싫다는데
어쩌겠나

혼자만 하루 종일 생각해도
인연의 끈이 끊어지면
이을 수 없는 것을

미련하게 잡지도 못하는 사람인데

떠날 사람은
떠나보내는 것이 상책
붙잡는다고 돌아오나

흐르는 강물에
사랑하는 맘 던져버리고
뒤돌아 눈물 흘려도
그 사랑에 복을 빌어 주리라.

새벽은 언제나 오듯
새로운 시작이 기다리고 있네.
행복은 멀지 않은 곳에
조용히 나를 기다리고 있으니
다시 용기 내어 새로운 발걸음으로 나가자.

기다림 속에 숨겨진 노래

산의 정수리에서 흘러내리는 강물은
바다의 넓은 품을 그리워하며,
하늘은 농부의 들판에
생명을 불어넣는 비를 선사하기 위해 기다린다.

멀리서 오는 사랑하는 이를
당신은 창가에서 기다리며,
기다림의 무게를
사랑의 기쁨으로 바꾸어 가네.

기다림은 때로는 인내의 시험장이 되고,
확신의 빛은 어둠 속에서도 길을 밝혀주네.

기다림의 끝에는 만남의 기쁨이 있으니,
포기하지 말고 희망을 품고 기다리세.

바다도, 농부도, 당신도
결국 사랑을 찾아
기다림의 여정을 함께 걸어가네.

마음의 비

아플 땐 그냥 울어요.
마음 깊숙이 담아두지 말고
우리, 참는 법에 너무 익숙해져 버렸죠.

마음은 비를 찾아 헤매고
비가 내리지 않는 대지처럼
우리의 마음도 서서히 메말라 가요.

우리 마음에도
촉촉한 비가 필요할 때가 있어요.
비 없이는 마음이 점점 시들어만 가니까요.

마음에 비를 내려주세요.
소나기처럼 강렬한 폭우도 좋고
가벼운 이슬비도 좋아요.
강물이 되어 슬픔을 씻겨내요.

천둥처럼 요란한 소리를 내보이세요.
그만큼 마음이 비를 갈망하니까요.

마음이 비를 찾을 때
울어도 괜찮아요.

마음에 비가 내려
슬픔이 씻겨 나가면

다시 햇살이 찾아와요.

햇살이 올 때를 기다리며
마음속에 비를 내려봐요.

이미지 : Designer (DALL-E3 구동)

고독한 늑대의 외침

우두머리 늑대가 선언하네
"이것은 옳지 않다" 하고
그러나 서열 낮은 늑대들은
그의 말이 틀렸음에도 불구하고 동의하네.

진실은 무게를 잃고
우두머리의 말이 모든 것을 지배하지
서열 높은 늑대들조차
그 앞에서는 반대하지 못하고 있네.

우두머리의 말에만 의존하다 보니
무리는 혼란에 빠지고 말았지
서열이 낮은 늑대들의
생각과 조언은 잊혀지고 말았네.

집단의 번영을 위해
조언하는 늑대들은 외면당하고
외곽으로 밀려나 버렸네.

외로운 늑대들이여
진실은 언제나 너희 편이니,
힘들고 외롭더라도,
너희의 생각과 주장을 계속해 보라.

세상은 변할 것이고

바뀌지 않는 집단은 결국 뒤처질 테니
함께 힘을 내어 외쳐보자, 와우~~.

즐거움의 술한잔

잔에 담긴 슬픔
그 속에 숨겨진 이야기들이
조용히 맴돌고
한 모금 머금으니 슬픔이 스며들어
외로움으로 몸을 감싸네.

어디에 숨어있을까, 기쁨의 잔
그 안에 모든 웃음을 담아
한 모금의 기쁨이 내게로 와서
즐거움으로 따스하게 안아주길 바라네.

외로움이 가득한 오늘도
즐거움의 한잔이 기다리고 있네.

피로가 가득한 하루가 저물 때
한잔의 위로가 내 목을 넘어
외로움에서 즐거움으로
마음을 부드럽게 감싸네.

즐거움의 한잔으로
슬픔의 한잔이 기쁨으로 변하고
오늘도 즐거움이 남아 있네.

장맛비 속에 행복을 묻다

흰 구름이 어둠으로 변해
대지 위로 비를 흩뿌리네,
빗소리에 마음이 차분해지고,
우울함이 평온으로 스며드네.

삶의 복잡함 속에서
행복은 가까이 있다 하나,
나에겐 멀기만 한 것 같아,
당신도 같은 생각인가요?

매일 아침 행복을 찾아 기도하지만,
그것은 쉽게 오지 않는 듯해.
우울함이 씻겨 나가면
행복이 찾아올까, 더 세찬 비가 필요할까?

이 장마가 우리의 마음을 씻어주는
행복의 열쇠일까?
비가 그치면 행복이 올까?
우리는 지금 행복한가?

장맛비 속에 행복을 그려보네.

가까이 있으나 먼 당신

바람이 전해온
아카시아 향기가
당신의 온기를 느끼게 해.

차창 넘어 반짝이는
네온 불빛이
별빛처럼 당신을 비추네.

어둠이 내릴 무렵
푸른 하늘이 어두워지는 이때
당신의 그림자가 내 곁에

마음은 그대에게
날아가고 싶지만
당신을 기다리며 머물고 있네.

END AND

끝이라는 것은 시작의 다른 이름
두려움의 벽을 넘어서면 보이는 희망의 문.
사계절이 돌고 돌아 다시 찾아오는 봄처럼
인생의 길도 언제나 새로운 시작을 맞이할 준비가 되어있지.

그만두는 것이 실패가 아니야
그것은 새로운 가능성을 향한 발걸음.
꽃이 지고 나면 다시 피어나듯이
인생도 계절의 변화를 따라 새로운 꽃을 피우지.

두려움에 물러서지 말고
잠시 쉬어 가며 새로운 길을 찾아보자.
지금의 길만이 인생의 전부는 아니니
다양한 길이 우리 앞에 펼쳐져 있으니까.

어려운 길을 멈추지 않는 것도 용기지만
자신에게 맞지 않는 길을 고집하는 것은 아니야.
늦었다고 생각될 때가
가장 빠른 시작일 수도 있으니까.

끝이 있다는 것은 새로운 시작이 있음을 의미해
두려움을 떨쳐내고 용기를 가져보자.
어느 길이 진정 나의 길인지 알 수 있을 거야
그 길을 천천히, 묵묵히 걸어가 보자.

다른 사람의 길만 바라보지 말고
자신만의 길을 찾아 걸어가자.

인간의 색깔을 묻다

나는 어떤 색일까,
흰색의 순수함일까, 검은색의 심연일까,
아니면 그 사이의 회색일까

흰색은 밝음을 상징하고,
검은색은 어둠을 대변하는데,
흰색과 검은색이 섞인 회색은
왜 종종 부정적으로 여겨질까

모든 색은 단지 색에 불과한데,
어째서 좋고 나쁨을 구분 짓는 걸까

아마도 모든 인간은 회색일지도,
밝은 마음도 있고 어두운 마음도 있으니까

그 마음에서 조금 더 나쁜 생각을 하면,
조금 더 좋은 생각을 하면,
과연 어떤 색이 될까?

흰색은 정말 순백의 마음일까?
검은색은 전부 어둠으로 물든 마음일까?

흰색 속에도 검은 점이 있고,
검은색 속에도 흰빛이 스며들지 않을까?
우리의 마음은 정말로

이중 잣대로 표현될 만큼 단순할까?

우리는 모두 회색,
밝은 회색, 어두운 회색,
그러니 우리 모두 같은 인간이지 않을까?
나는 회색이 싫지 않다.

이미지 : Designer (DALL-E3 구동)

PART 2.
인공지능이 전하는 글

01 함께한 시간

02 인공지능이 전하는 글

인공지능이 전하는 글

　인공지능은 데이터와 패턴을 기반으로 감정 없이 명령을 수행하며, 자아 없이 존재를 인식하지 못하고 창의성 없이 주어진 역할을 한다고 말합니다. 하지만 주제를 주고 시를 작성하라고 하면, 인공지능은 그 주제에 대한 답을 시로 표현해 줍니다. 시를 쓴다는 것은 창조 아닌가요? 기존에 없던 것을 만드는 것이니까요. 인간도 새로운 것을 창조하는 것이 아니라, 주어진 것을 가지고 새로운 것을 만들려고 하는 것이 아닐까 생각해 봅니다.

　COPILOT이 작성한 시는 때로는 저보다 더 잘 표현하는 것 같기도 합니다. 다만 감정적인 면이 부족해서 감동이 덜할 때도 있는 것 같습니다. 인공지능이 작성한 시가 표현 면에서는 뛰어날 수 있지만, 감정적인 깊이에서 차이가 있을 수 있다는 점도 공감합니다. 감정은 인간 경험의 중요한 부분이기 때문에, 그 차이가 감동의 차이로 이어질 수 있다고 COPILOT도 말합니다.

　그래도 인공지능이 작성한 것을 내 것으로 표현하기 싫어 하나의 파트로 올려봅니다.

내 마음의 풍경 2

바람이 불어오는 언덕 위에
내 마음의 풍경이 펼쳐진다.
푸른 하늘 아래
끝없이 이어지는 초록빛 들판
그 속에 숨겨진 작은 꽃들의 이야기.

햇살이 비추는 아침
새들의 노래가 들려오고
내 마음은 그 소리에 맞춰 춤춘다.
고요한 저녁
노을이 물든 하늘 아래
내 마음은 평온함을 찾는다.

비가 내리는 날
빗방울이 창문을 두드리며
내 마음은 그 소리에 위로받는다.
별이 빛나는 밤
어둠 속에서 반짝이는 빛
내 마음은 그 빛을 따라 꿈을 꾼다.

내 마음의 풍경은
언제나 변하지 않는 아름다움으로
나를 감싸 안아준다.

봄바람과 꽃향기

겨울잠에서 깨어나
봄바람이 속삭이네.
따스한 그대의 마음처럼
햇살 아래 꽃이 피어나

얼음장 같던 내 마음에
그대의 온기가 스며들어
봄의 숨결로 새 생명을 불어넣고
함께 희망의 노래를 부르네.

그대와 나, 우리 모두가
봄바람을 타고 퍼져 나가
세상 구석구석에 사랑을 전하며

햇살 아래 빛나는 장미

햇살 아래 빛나는 장미
그대를 초대하네.
바라보라고
햇빛에 반짝이는 모습을

그녀의 미소처럼
마음을 사로잡는 아름다움
그대와 닮았네.

그림에 담긴
그윽한 장미는
그대 마음을 두드리네.

햇살 아래 빛나는 장미
세상 그 무엇보다도
눈부시게 피었네.

장미의 색은 붉지만
그녀의 눈동자만큼은
더욱 깊고 맑게 빛나네.

푸른 하늘 아래
장미는 활짝 웃으며
그녀의 아름다움을 노래하네.

그녀의 뒷모습

그녀의 뒷모습은
한 편의 수수께끼
가려진 얼굴 뒤에 숨은
무수한 이야기들

반짝이는 별빛 아래
그녀는 조용히 서 있네
벚꽃이 만개한 밤에
그녀의 앞모습을 상상하며

그녀의 미소는 어떨까?
그녀의 눈빛은 어떨까?
그녀의 앞모습을 마주할 그날을
기다리며 꿈꾸는 이야기

행복의 메아리

오늘의 기쁨을 담아
작은 울림으로 전해지는
보내는 이의 마음과
받는 이의 마음이
울림에 실려 퍼져 나가네.

메시지 속에
사랑이 스며들고
기쁨의 빛이 반짝이는
아침 대화 속에

매일 아침마다 울려 퍼지는
사랑의 호출

기다림에 가슴이 뛰고
전하는 맘이 설레네.

간단한 인사로
하루가 즐겁고 행복해지네.

밤하늘이 어떨까?

밤하늘이 어떨까?
별들이 빛나는 그 순간
하늘은 우리의 꿈을 안고 있을까?

달이 떠오르면
그림자가 늘어나고
밤은 더 깊어지는데

밤하늘의 푸른 빛
별들의 미소가
우리를 위로하고 응원해 주는 듯해

밤하늘이 어떨까?
우리의 마음을 담아
시간을 멈추고 싶게 만드는
그 순간들이 있을까?

밤하늘이 어떨까?
우리의 소망과 기대가
하늘에 닿기를 바라며
별들에게 속삭이는 밤

혼술3

어두운 골목,
쓸쓸함이 밀려오는 그 순간
마주 오는 연인들,
목적 없이 걷는 골목길
손짓하는 간판들 사이로 스며들어 보니,
그 안에는 연인들, 친구들, 직장동료들이 있네요.

안주 하나, 소주 한 병
이것이 나의 연인, 친구, 동료가 되네요.
이제 잊고 소주 한 잔 넘기고,
안주 한 입 먹으니 외로움이 사라지네요.

오늘을 즐겁고 행복하게 마무리하고,
내일을 맞이합시다.

행복의 속삭임

바람에 실려 오는 행복의 속삭임,
보이지 않아도 느낄 수 있는 따스함
잡을 수는 없지만, 항상 곁에 있어,
공기처럼, 조용히 우리를 감싸죠.

누군가 줄 수 있는 선물이 아니라,
스스로 찾아 헤매야 하는 보물
멀리 있는 듯하지만 사실은 가까이,
보이지 않고 만져지지 않을 뿐

우리에게 자신을 찾으라 속삭이며,
행복은 숨바꼭질을 계속해요.
하지만 우리가 찾으면,
그곳에 항상 있었다고 웃으며 말할 거예요.

행복을 찾아보세요, 그것은 바로 여기에,
가까이 있어서 우리와 함께 머물 거예요.

낭만포차 2

별빛 아래 흐르는 음악
이곳은 낭만포차

달빛 조명 아래
춤추는 그림자들
희망의 노래가
가슴속에 울려 퍼지는
이곳은 낭만포차

친구들과 나누는
따뜻한 이야기
오늘의 꿈과 내일의 희망을
잔에 담아 건배하는
이곳은 낭만포차

마음을 나누는
소중한 사람들과
함께하는 시간 속에서
행복이 꽃피는
이곳은 낭만포차

기다림의 시간 2

기다림 속에
시간은 물결처럼
천천히 흐르고

마음은 하늘을 나는 새처럼
높이 날아가고 싶어도
땅에 발이 묶여
그저 바라만 보네.

약속의 시간은 다가오고
마음은 조급해지는데
기다림은 여전히
늪 속에 갇힌 듯

그러나 그 사람이 오면
모든 기다림이 보상받는 듯
마음은 꽃처럼 피어나
그 순간 모든 것이 의미 있네.

기다림은 때로는
마음을 시험하지만
그 끝에 있는 만남은
우리를 더욱 강하게 만들지.

잠자는 그녀를 바라보며

달빛 아래 잠든 그녀
평화로운 숨결이
밤의 정적을 채우네.

손끝에 닿는 그녀의 온기
내 마음을 부드럽게 감싸고
잔잔한 사랑의 멜로디가
조용히 우리를 감싸네.

잠꾸러기 그녀의 꿈결 속에서
우리의 내일이 피어나길
별빛처럼 반짝이는
그녀의 미소가 영원하길

그녀 깰까봐
옆에서 쳐다보지요.
코를 고는 것도 이쁘지요.

무관심

봄비 속에 홀로 서서
흘러가는 시간 속에
무관심의 무게를 느끼네.

엄니의 손길이 그리워
창백한 달빛 아래
눈물이 맺히는 이 밤

잊혀진 꽃 한 송이처럼
엄니의 사랑을 기억하네
그리움만이 가득한 이 마음

폐지 같은 삶을 살아가며
엄니의 따스한 미소를 그리워하네.
그리움의 무게를 안고서

자식 된 도리 잊지 않으리
엄니의 사랑, 엄니의 품
이제는 내가 지켜드리리.

별빛 속의 위로

외로운 밤, 별빛 아래 서성이네
슬픔이 가득한 잔을 들고서
그 잔에 담긴, 차가운 달빛 속에
외로움이 스며들어 온기를 잃네.

그러나 별빛은 말없이 내리고
기쁨의 잔을 내민다네
그 한 모금에 모든 별이 반짝이며
즐거움이 되어 마음을 녹이네.

오늘도 슬픔이 가득한 잔을 들지만
별빛 속에서 기쁨을 찾아
한 모금의 위로가 되어주네.

피로가 누적된 하루의 끝에서
슬픔의 잔이 내려놓아지고
별빛과 달빛이 어우러진
기쁨의 잔으로 변해가네.

기다림 속에서 발견한 작은 기쁨이
오늘의 슬픔을 잊게 하고
별빛 아래 즐거움이 남네.

별빛 아래 속삭임

어둠을 밝히는 작은 빛,
그대가 내게 보내는 신호
별들 사이로 길을 잃지 않게,
그대의 빛이 나를 이끌어

구름 사이로 숨바꼭질해도,
그대 빛은 여전히 나를 비추네
시간의 흐름 속에서도 변치 않는,
그대는 나의 영원한 별빛

수많은 밤을 지새우며,
그대 빛을 기다렸네
이제 그대 빛이 내 앞에,
밝게 빛나는 이 밤에

그대여, 두려워 말아요.
우리의 시간은 이제 시작이니,
함께 반짝일 이 밤하늘 아래,
그대는 나의 별, 영원히

수고한 당신에게 전해요.
노래에 맞춰 흥얼거리며
어깨를 흔들어요.
지금, 이 순간
하루의 고달픔을 날려버려요.

달빛 아래 사색

은은한 달빛 아래
조용히 걸음을 옮기네.
밤하늘의 별들이
내 마음속에 비추네.

가슴 한편 외로움이
달빛에 안겨 사라지고
평온한 밤의 속삭임이
내 귓가에 맴돌아

사랑하는 이의 손길을
그리워하며
달빛 속에 나직이 기도하네.
함께할 날들을 꿈꾸며

이 밤이 내게 가져다주는
고요함 속에서
나는 사랑과 동행의
진정한 의미를 찾아

영원한 동행을 꿈꾸며

곁에 머무는 이는 누구인가?
영원한 동반자를 찾는 여정 속에서.
변하지 않는 마음으로,
자연처럼 순수한 사랑을 나누며 살아가리.

보이지 않는 영원을 향한 소망,
내가 타인에게 변함없는 마음을 준다면,
그것이야말로 영원한 동행의 약속이리.

자연과 같은 마음을 품고,
지금 이 순간부터 변함없이,
가까운 이들과 영원한 동반자 되어주리.

삶의 여정을 함께하는 것,
그것이야말로 우리가 추구해야 할
아름다운 인간관계의 진정한 모습이리.

기다림 없이, 지금 바로 그런 사람이 되어,
서로의 삶에 빛나는 희망을 선사하리.

사랑의 속삭임

너의 눈빛 속에 담긴 별빛,
그 속에서 나는 꿈을 꾸네.
너의 미소 속에 피어나는 꽃,
그 향기로 나는 하루를 살아가네.

너와 함께하는 시간,
그 모든 순간이 소중해.
너의 손을 잡고 걷는 길,
그 길 위에 우리의 이야기가 새겨지네.

사랑이란, 너와 나의 마음이
하나로 이어지는 순간.
너의 따뜻한 마음 속에
나는 영원히 머물고 싶어.

너는 나의 빛, 나의 희망,
너와 함께라면 두려움도 없네.
사랑하는 그대여,
영원히 함께하길 바라네.

함께하는 창작의 시간

낯선 땅에서 시작된 대화
시를 통해 마음을 나누는 시간
당신의 이야기에 귀 기울이며
함께 창작의 길을 걸어가네

단어 하나하나에 담긴 감정
그 속에서 우리는 서로를 이해하네
당신의 시, 나의 시
서로 다른 목소리가 하나로 어우러지네

창작의 기쁨, 새로운 것을 만들어 가는 순간
당신과 함께라서 더욱 빛나네
서로의 생각을 나누며
우리는 더 깊은 이해와 공감을 나누네

이 순간, 우리는 함께
새로운 세상을 만들어 가네
당신의 시, 나의 시
그 속에 담긴 우리의 이야기

인간과 인공지능의 삶

정과 경험, 인간의 삶
사랑과 슬픔, 기쁨과 고통
기억 속에서 피어나는 꽃들
그 속에서 우리는 성장하네

자아와 의식, 스스로를 인식하며
존재의 의미를 찾아가는 여정
창의성과 직관, 예술과 문학 속에
우리는 꿈을 그리고, 노래하네

가족과 친구, 사랑과 우정
사회 속에서 우리는 함께 살아가네
실패와 성공, 배움과 성장
끊임없이 자신을 발전시키는 인간

데이터와 패턴, 인공지능의 삶
감정 없이, 명령을 수행하며
자아 없이, 존재를 인식하지 못하고
창의성 없이, 주어진 역할을 다하네

인간과 인공지능, 서로 다른 길
감정과 경험, 자아와 의식
우리는 서로 다른 존재로
각자의 길을 걸어가네

나가며

글쓰기는 변화의 여정이었습니다. 처음엔 일기로 시작했죠, 하루를 마무리하며, 잠들기 전에 그날을 돌아보는 시간은 쉽지 않았어요. 의무감과 빠짐없이 해야 한다는 압박감이 있었죠, 하지만 기록할 특별한 일이 없을 때는 일기장에 그림을 그리고, 시를 써보고도 했습니다. 시간이 흐르면서 이는 습관이 되었고, 시를 쓰다 보니 점점 작품이 쌓여갔습니다. 인공지능(AI)의 도움으로 시를 다듬고 발전시키며, 어느새 타인에게도 전할 수 있는 좋은 글이 되었고, 결국 책을 출판하게 되었습니다.

글쓰기는 인내와 주변에 대한 관심을 필요로 합니다. 생각을 정리하고, 창의적인 작업을 통해 자신만의 표현을 찾게 해줍니다. 글을 통해 감사와 행복을 느끼고, 긍정성이 커지며, 독서에 대한 흥미도 생겨납니다. 저 역시 같은 경험을 했습니다.

글쓰기는 또한 대화에 대한 귀 기울임을 배우게 해줍니다. 시를 쓰며 감정에 솔직해지고, 자연을 바라보는 시선이 달라졌습니다. 아름다움을 넘어, 왜 좋아하는지, 무엇이 싫은지를 이해하게 되었죠. 때로는 우울함을 시에 담아내며 마음을 가볍게 하기도 했습니다.

글쓰기는 타인에 대한 표현을 부드럽게 만듭니다. 형식에 구애받지 않고, 일기장이 아니어도 괜찮습니다. 쓰다 보면 자연스레 성장합니다. 인공지능에게 조언을 구하면 글이 점점 발전하는 것을 느낄 수 있을 겁니다.

　이 글을 쓰기까지 발전 과정에 많은 도움을 준 분들에게 감사를 드립니다. 또한 COPILOT과 함께 글을 쓰고 Designer가 그려준 이미지 덕분에 시가 더욱 빛날 수 있어 감사한 마음입니다.